Tre vant carambole: Sikk sakk bord mønstre

Fra profesjonelle mesterskapsturneringer

Test deg selv mot profesjonelle spillere

Allan P. Sand
PBIA Sertifisert Biljard Instruktør

ISBN 978-1-62505-325-1
PRINT 7x10

ISBN 978-1-62505-489-0
PRINT 8.5x11

First edition

Copyright © 2019 Allan P. Sand

All rights reserved under International and Pan-American Copyright Conventions.

Published by Billiard Gods Productions.
Santa Clara, CA 95051
U.S.A.

For the latest information about books and videos, go to: http://www.billiardgods.com

Acknowledgements

Wei Chao created the software that was used to create these graphics.

Innholdsfortegnelse

Introduksjon **1**
Om bordoppsettene 1
Tabelloppsett 2
Formål med layoutene 2
A: Mellombord sikk sakk **3**
A: Gruppe 1 3
A: Gruppe 2 8
A: Gruppe 3 13
B: Miniatyr side om side sikk sakk **18**
B: Gruppe 1 18
B: Gruppe 2 23
B: Gruppe 3 28
B: Gruppe 4 33
B: Gruppe 5 38
C: Halvbordssikring **43**
C: Gruppe 1 43
C: Gruppe 2 48
C: Gruppe 3 53
C: Gruppe 4 58
D: 3/4 bord sikk sakk **63**
D: Gruppe 1 63
D: Gruppe 2 68
D: Gruppe 3 73
E: Full bord sikk sakk **78**
E: Gruppe 1 78
E: Gruppe 2 83
F: Lang bordet sikk sakk **88**
F: Gruppe 1 88
F: Gruppe 2 93
F: Gruppe 3 98
F: Gruppe 4 103
F: Gruppe 5 108

Other books by the author …

- 3 Cushion Billiards Championship Shots (a series)
- Carom Billiards: Some Riddles & Puzzles
- Carom Billiards: MORE Riddles & Puzzles
- Why Pool Hustlers Win
- Table Map Library
- Safety Toolbox
- Cue Ball Control Cheat Sheets
- Advanced Cue Ball Control Self-Testing Program
- Drills & Exercises for Pool & Pocket Billiards
- The Art of War versus The Art of Pool
- The Psychology of Losing – Tricks, Traps & Sharks
- The Art of Team Coaching
- The Art of Personal Competition
- The Art of Politics & Campaigning
- The Art of Marketing & Promotion
- Kitchen God's Guide for Single Guys

Introduksjon

Dette er en av en rekke Carom Biljardbøker som viser hvordan profesjonelle spillere tar avgjørelser, basert på tabelloppsettet. Alle disse layoutene er fra internasjonale konkurranser.

Disse oppsettene legger deg inne i spillerenes hode, som begynner med ballposisjonene (vist i første tabell). Den andre tabelloppsettet viser hva spilleren bestemte seg for å gjøre.

Om bordoppsettene

Dette er de tre ballene på bordet:

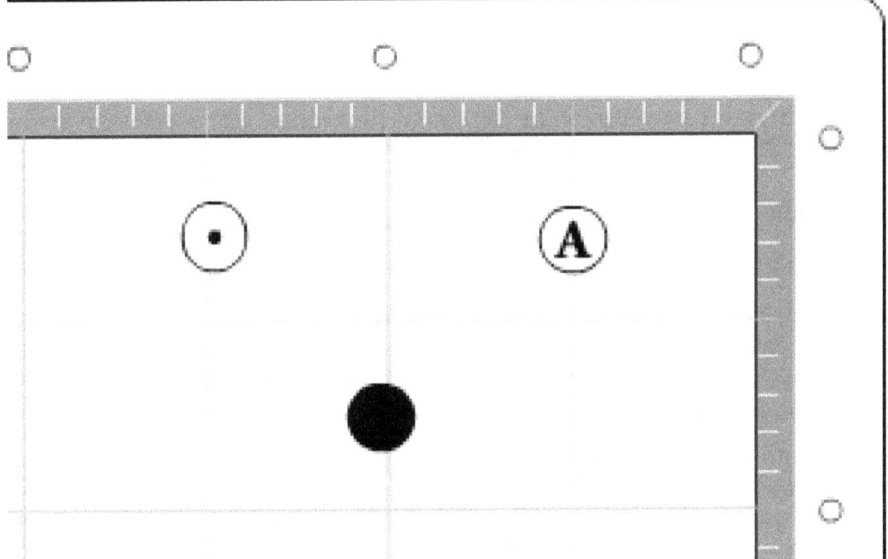

Ⓐ (CB) (biljardkulen din)

⊙ (OB) (motstander biljardball)

● (OB) (rød biljardball)

Hver konfigurasjon har to tabelloppsett. Den første tabellen er ballposisjonene. Det andre bordet er hvordan ballene beveger seg på bordet.

Tabelloppsett

Bruk papirbindingsringer for å merke ballposisjonene (kjøp hos enhver kontorforretning).

Plasser en mynt ved hver pute som den (CB) vil berøre.

Sammenlign din (CB) -bane med den andre tabellkonfigurasjonen. For å lære kan det hende du trenger flere forsøk. Etter hver feil, foreta justering og prøv igjen.

Formål med layoutene

Disse oppsettene er gitt for to formål.

- Din analyse - Hjemme kan du vurdere hvordan du spiller konfigurasjonen på den første tabellen. Sammenlign dine ideer til selve mønsteret på den andre tabellen. Tenk på løsningen, og vurder alternativer. Fra det andre bordet kan du også analysere hvordan du følger mønsteret. Mentalt spiller skudd og bestemmer hvordan du kan lykkes.

- Øv tabellkonfigurasjonen - Legg ballene på plass, i henhold til den første tabellkonfigurasjonen. Prøv å skyte på samme måte som det andre bordmønsteret. Du må kanskje ha mange forsøk før du finner den riktige måten å spille på. Slik lærer du og spiller disse skuddene under konkurranser og turneringer.

Kombinasjonen av mental analyse og praktisk praksis vil gjøre deg til en smartere spiller.

A: Mellombord sikk sakk

Den (CB) kommer av den første (OB) og går frem og tilbake på tvers av siden. Dette er i midten av bordet.

Ⓐ (CB) (biljardkule) - ⊙ (OB) (motstander billiardball) - ● (OB) (rød biljardball)

A: Gruppe 1

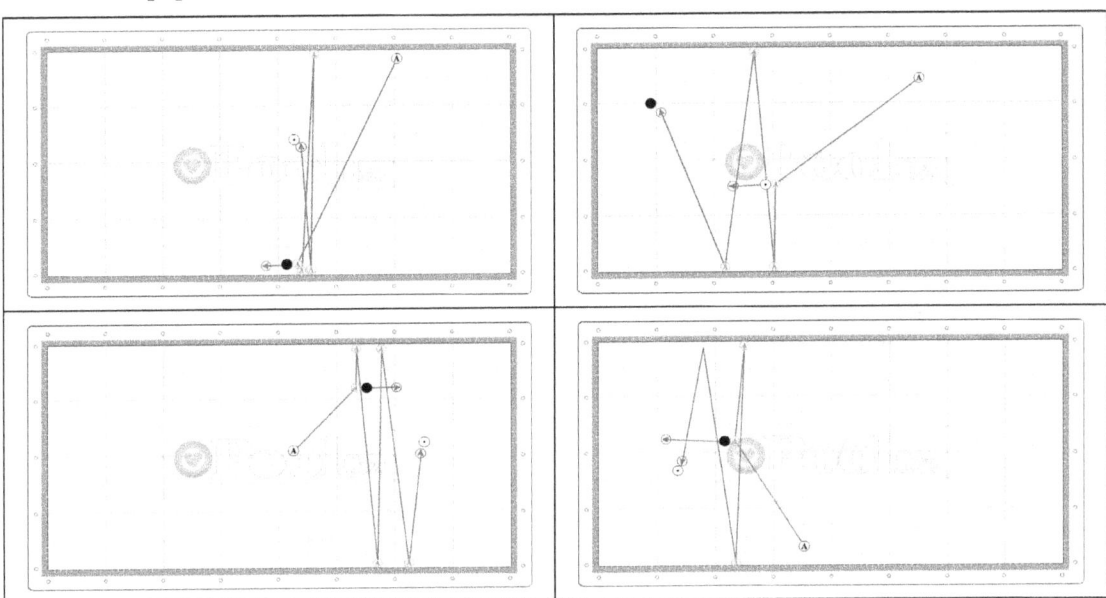

Analysis:

A:1a. _____

A:1b. _____

A:1c. _____

A:1d. _____

A:1a – Setup

Notater og ideer:

Skudd mønster

A:1b – Setup

Notater og ideer:

Skudd mønster

A:1c – Setup

Notater og ideer:

Skudd mønster

A:1d – Setup

Notater og ideer:

Skudd mønster

A: Gruppe 2

Analysis:

A:2a. _____

A:2b. _____

A:2c. _____

A:2d. _____

A:2a – Setup

Notater og ideer:

Skudd mønster

A:2b – Setup

Notater og ideer:

Skudd mønster

A:2c – Setup

Notater og ideer:

Skudd mønster

A:2d – Setup

Notater og ideer:

Skudd mønster

A: Gruppe 3

Analysis:

A:3a. _____

A:3b. _____

A:3c. _____

A:3d. _____

A:3a – Setup

Notater og ideer:

Skudd mønster

A:3b – Setup

Notater og ideer:

Skudd mønster

A:3c – Setup

Notater og ideer:

Skudd mønster

A:3d – Setup

Notater og ideer:

Skudd mønster

B: Miniatyr side om side sikk sakk

Den (CB) kommer av den første (OB) og går deretter frem og tilbake. All denne aktiviteten er på slutten av bordområdet.

Ⓐ (CB) (biljardkule) - ⊙ (OB) (motstander billiardball) - ● (OB) (rød biljardball)

B: Gruppe 1

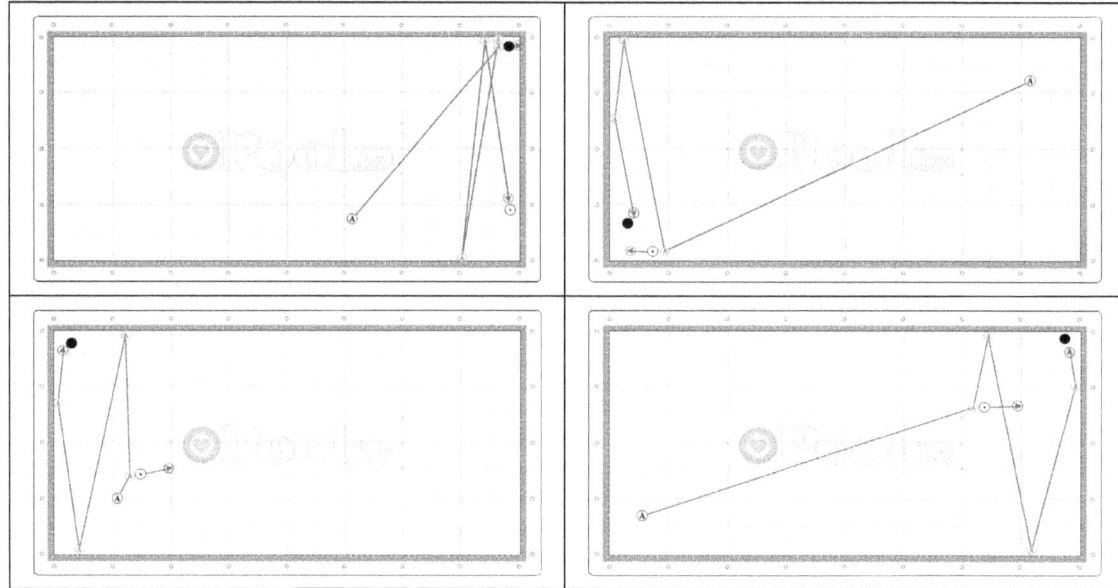

Analysis:

B:1a. _____

B:1b. _____

B:1c. _____

B:1d. _____

B:1a – Setup

Notater og ideer:

Skudd mønster

B:1b – Setup

Notater og ideer:

Skudd mønster

B:1c – Setup

Notater og ideer:

Skudd mønster

B:1d – Setup

Notater og ideer:

Skudd mønster

B: Gruppe 2

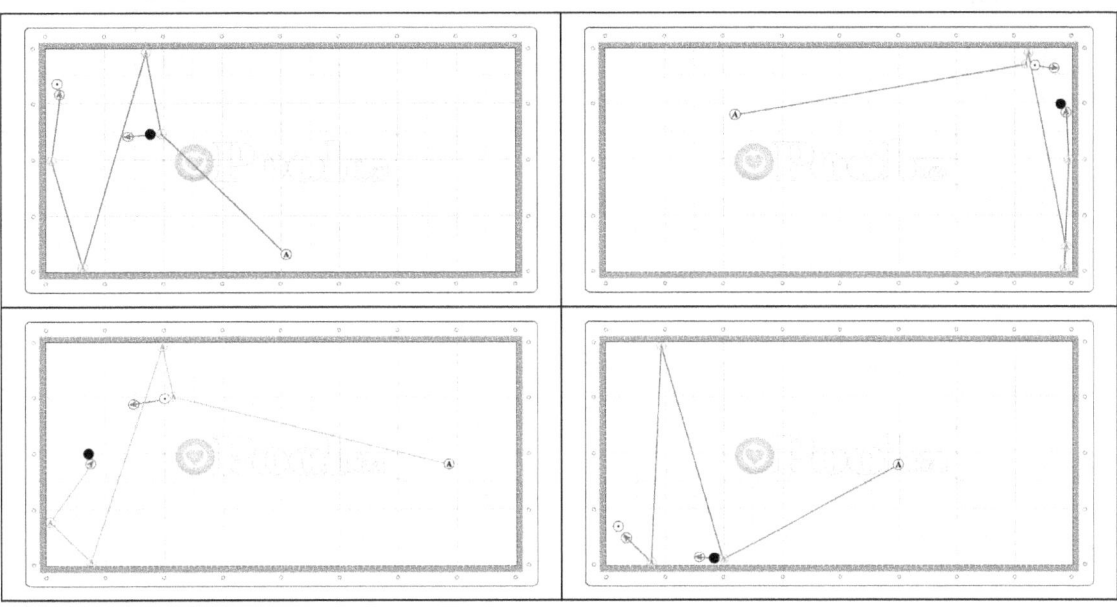

Analysis:

B:2a. _____

B:2b. _____

B:2c. _____

B:2d. _____

B:2a – Setup

Notater og ideer:

Skudd mønster

B:2b – Setup

Notater og ideer:

Skudd mønster

B:2c – Setup

Notater og ideer:

Skudd mønster

B:2d – Setup

Notater og ideer:

Skudd mønster

B: Gruppe 3

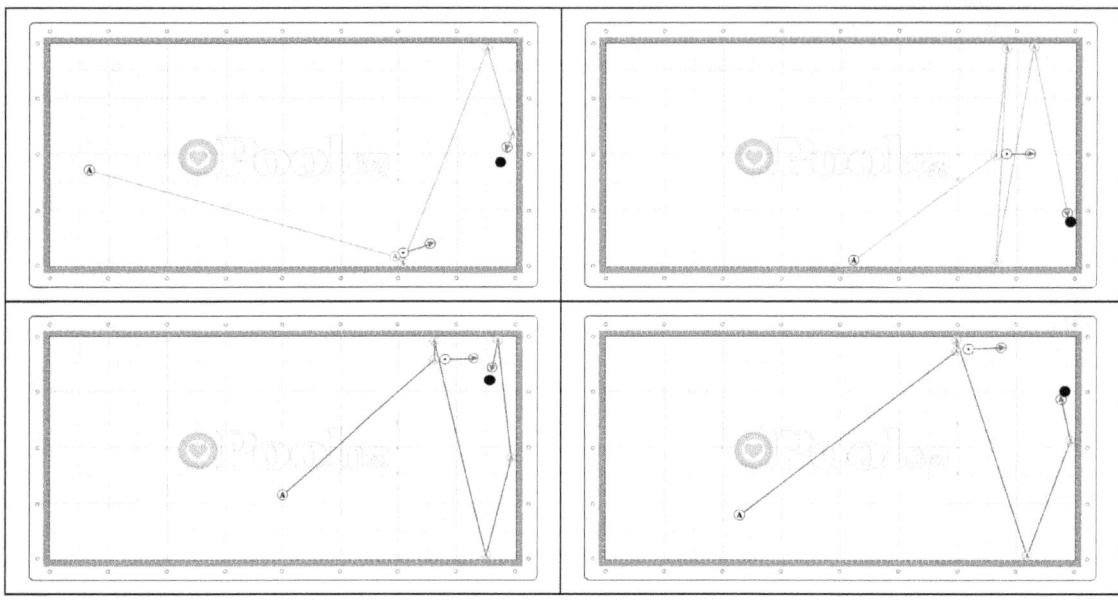

Analysis:

B:3a. _____

B:3b. _____

B:3c. _____

B:3d. _____

B:3a – Setup

Notater og ideer:

Skudd mønster

B:3b – Setup

Notater og ideer:

Skudd mønster

B:3c – Setup

Notater og ideer:

Skudd mønster

B:3d – Setup

Notater og ideer:

Skudd mønster

B: Gruppe 4

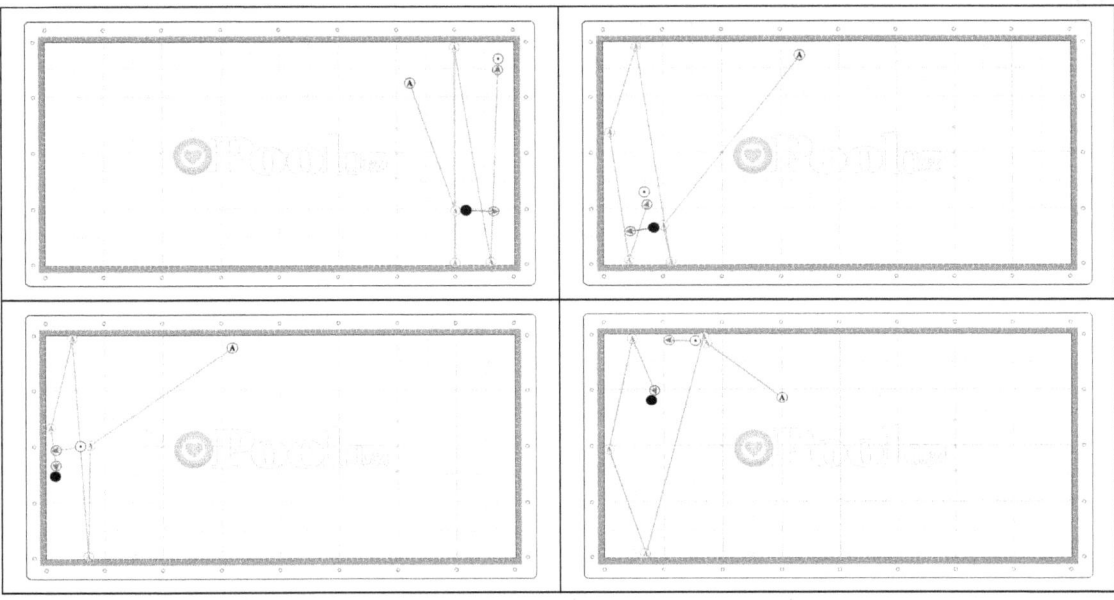

Analysis:

B:4a. _____

B:4b. _____

B:4c. _____

B:4d. _____

B:4a – Setup

Notater og ideer:

Skudd mønster

B:4b – Setup

Notater og ideer:

Skudd mønster

B:4c – Setup

Notater og ideer:

Skudd mønster

B:4d – Setup

Notater og ideer:

Skudd mønster

B: Gruppe 5

Analysis:

B:5a. _____

B:5b. _____

B:5c. _____

B:5d. _____

B:5a – Setup

Notater og ideer:

Skudd mønster

B:5b – Setup

Notater og ideer:

Skudd mønster

B:5c – Setup

Notater og ideer:

Skudd mønster

B:5d – Setup

Notater og ideer:

Skudd mønster

C: Halvbordssikring

Den (CB) reiser side om side, innenfor et halvbordsområde.

Ⓐ (CB) (biljardkule) - ⊙ (OB) (motstander billiardball) - ● (OB) (rød biljardball)

C: Gruppe 1

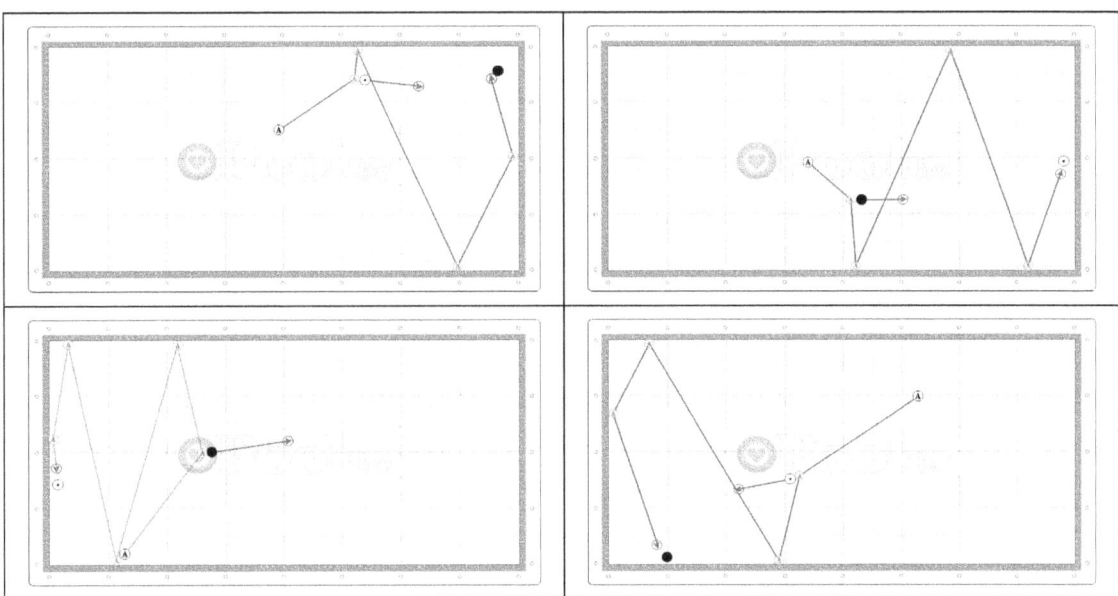

Analysis:

C:1a. _____

C:1b. _____

C:1c. _____

C:1d. _____

C:1a – Setup

Notater og ideer:

Skudd mønster

C:1b – Setup

Notater og ideer:

Skudd mønster

C:1c – Setup

Notater og ideer:

Skudd mønster

C:1d – Setup

Notater og ideer:

Skudd mønster

C: Gruppe 2

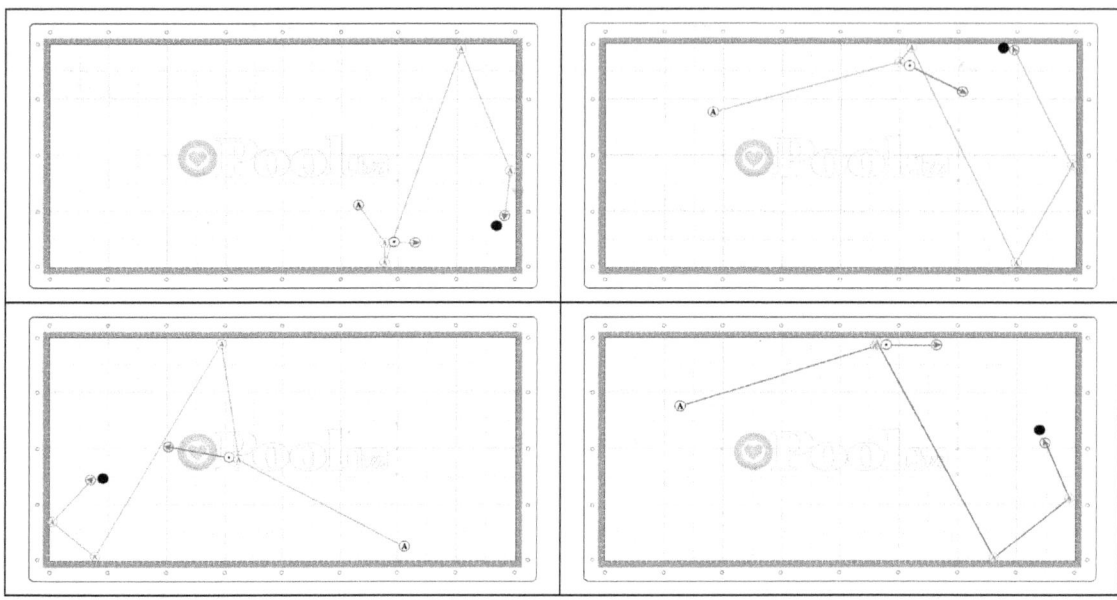

Analysis:

C:2a. _____

C:2b. _____

C:2c. _____

C:3d. _____

C:2a – Setup

Notater og ideer:

Skudd mønster

C:2b – Setup

Notater og ideer:

Skudd mønster

C:2c – Setup

Notater og ideer:

Skudd mønster

C:2d – Setup

Notater og ideer:

Skudd mønster

C: Gruppe 3

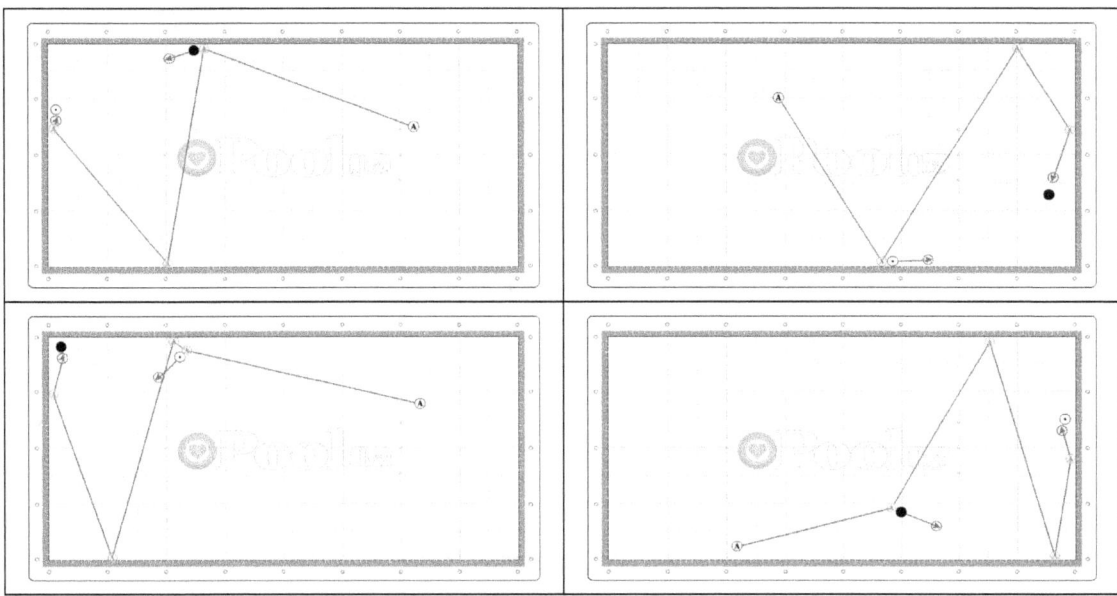

Analysis:

C:3a. _____

C:3b. _____

C:3c. _____

C:3d. _____

C:3a – Setup

Notater og ideer:

Skudd mønster

C:3b – Setup

Notater og ideer:

Skudd mønster

C:3c – Setup

Notater og ideer:

Skudd mønster

C:3d – Setup

Notater og ideer:

Skudd mønster

C: Gruppe 4

Analysis:

C:4a. _____

C:4b. _____

C:4c. _____

C:4d. _____

C:4a – Setup

Notater og ideer:

Skudd mønster

C:4b – Setup

Notater og ideer:

Skudd mønster

C:4c – Setup

Notater og ideer:

Skudd mønster

C:4d – Setup

Notater og ideer:

Skudd mønster

D: 3/4 bord sikk sakk

Disse (CB) reiser over tre fjerdedeler av bordet.

(A) (CB) (biljardkule) - (•) (OB) (motstander billiardball) - ● (OB) (rød biljardball)

D: Gruppe 1

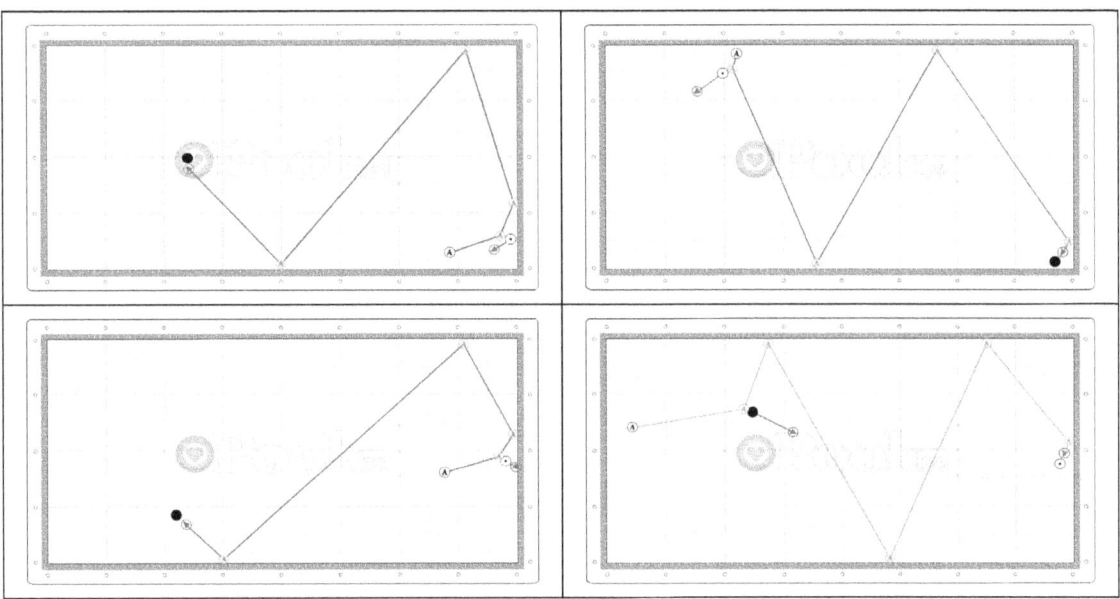

Analysis:

D:1a. _____

D:1b. _____

D:1c. _____

D:1d. _____

D:1a – Setup

Notater og ideer:

Skudd mønster

D:1b – Setup

Notater og ideer:

Skudd mønster

D:1c – Setup

Notater og ideer:

Skudd mønster

D:1d – Setup

Notater og ideer:

Skudd mønster

D: Gruppe 2

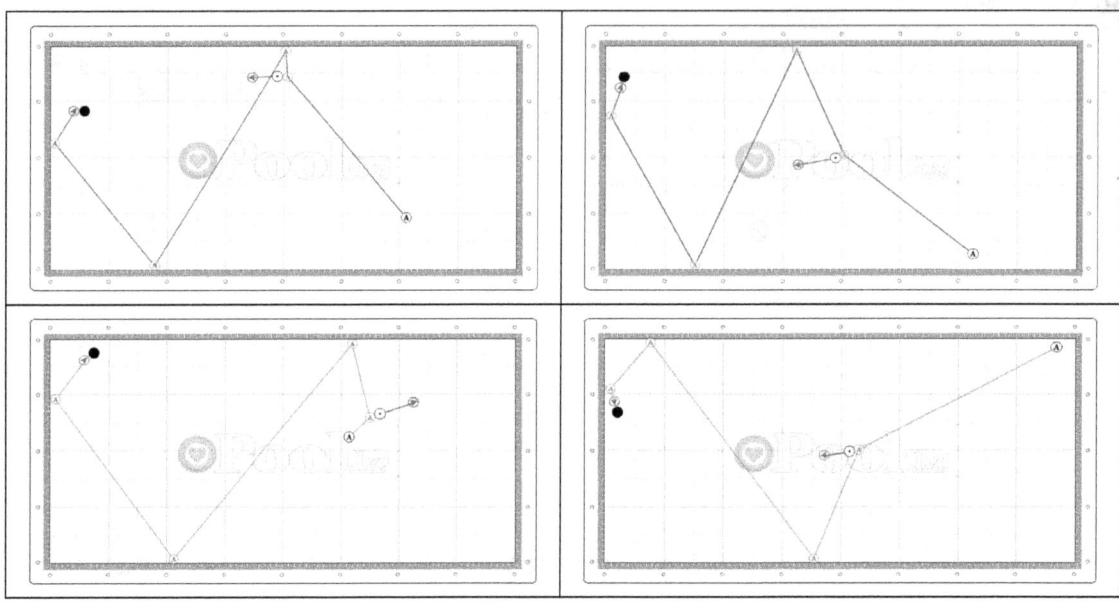

Analysis:

D:2a. _____

D:2b. _____

D:2c. _____

D:2d. _____

D:2a – Setup

Notater og ideer:

Skudd mønster

D:2b – Setup

Notater og ideer:

Skudd mønster

D:2c – Setup

Notater og ideer:

Skudd mønster

D:2d – Setup

Notater og ideer:

Skudd mønster

D: Gruppe 3

Analysis:

D:3a. _____

D:3b. _____

D:3c. _____

D:3d. _____

D:3a – Setup

Notater og ideer:

Skudd mønster

D:3b – Setup

Notater og ideer:

Skudd mønster

D:3c – Setup

Notater og ideer:

Skudd mønster

D:3d – Setup

Notater og ideer:

Skudd mønster

E: Full bord sikk sakk

(CB) kontakter begge lange vant når den beveger seg hele lengden av bordet.

(A) (CB) (biljardkule) - (•) (OB) (motstander billiardball) - ● (OB) (rød biljardball)

E: Gruppe 1

Analysis:

E:1a. _____

E:1b. _____

E:1c. _____

E:1d. _____

E:1a – Setup

Notater og ideer:

Skudd mønster

E:1b – Setup

Notater og ideer:

Skudd mønster

E:1c – Setup

Notater og ideer:

Skudd mønster

E:1d – Setup

Notater og ideer:

Skudd mønster

E: Gruppe 2

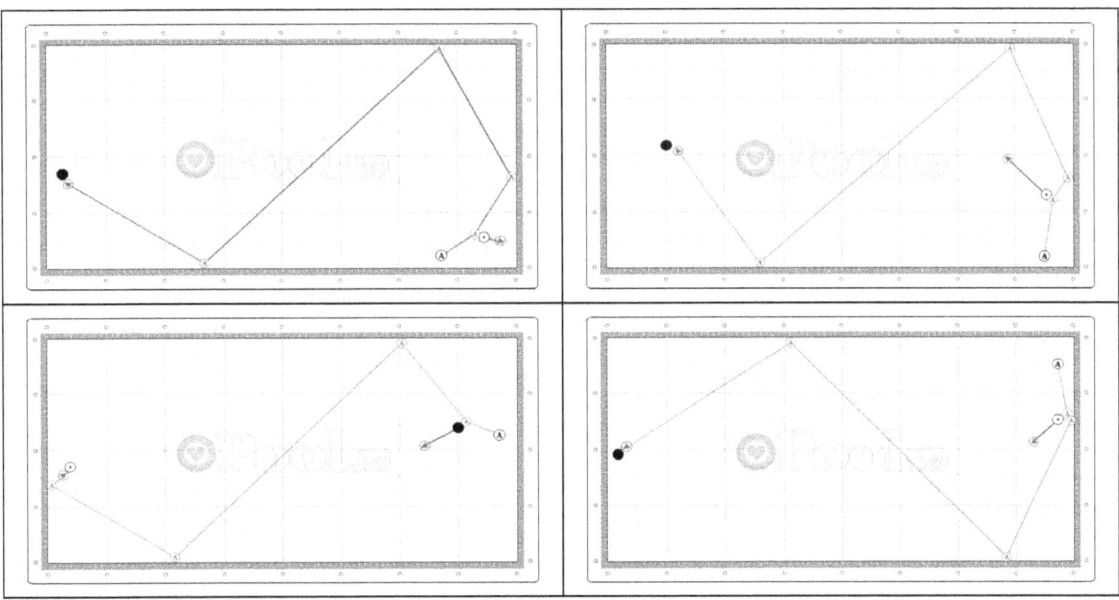

Analysis:

E:2a. _____

E:2b. _____

E:2c. _____

E:2d. _____

E:2a – Setup

Notater og ideer:

Skudd mønster

E:2b – Setup

Notater og ideer:

Skudd mønster

E:2c – Setup

Notater og ideer:

Skudd mønster

E:2d – Setup

Notater og ideer:

Skudd mønster

F: Lang bordet sikk sakk

Sikk sakk mønsteret beveger seg opp og ned langs det lange bordet.

Ⓐ (CB) (biljardkule) - ⊙ (OB) (motstander billiardball) - ● (OB) (rød biljardball)

F: Gruppe 1

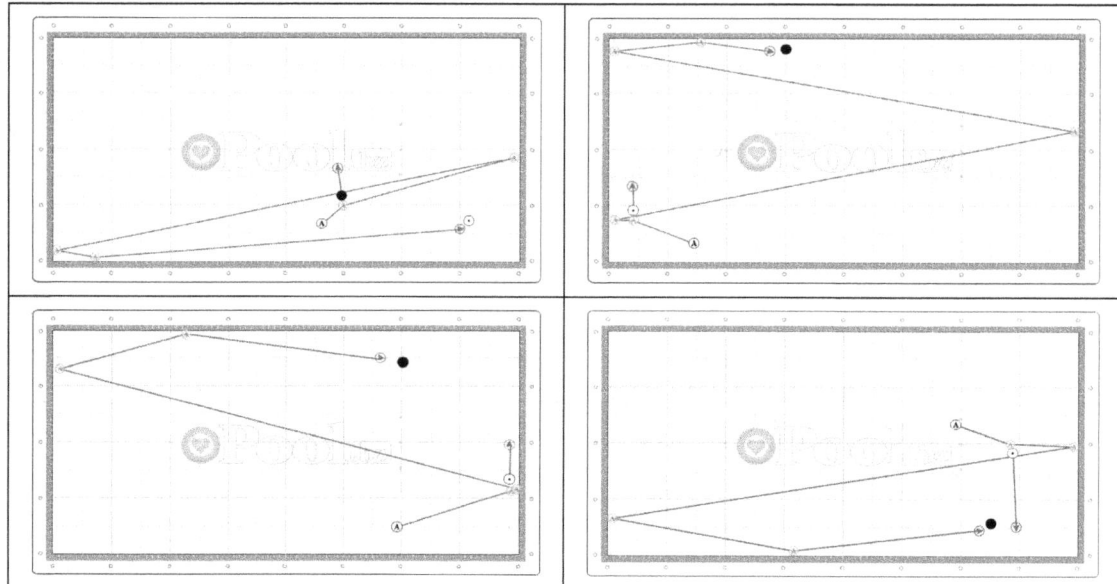

Analysis:

F:1a. _____

F:1b. _____

F:1c. _____

F:1d. _____

F:1a – Setup

Notater og ideer:

Skudd mønster

F:1b – Setup

Notater og ideer:

Skudd mønster

F:1c – Setup

Notater og ideer:

Skudd mønster

F:1d – Setup

Notater og ideer:

Skudd mønster

F: Gruppe 2

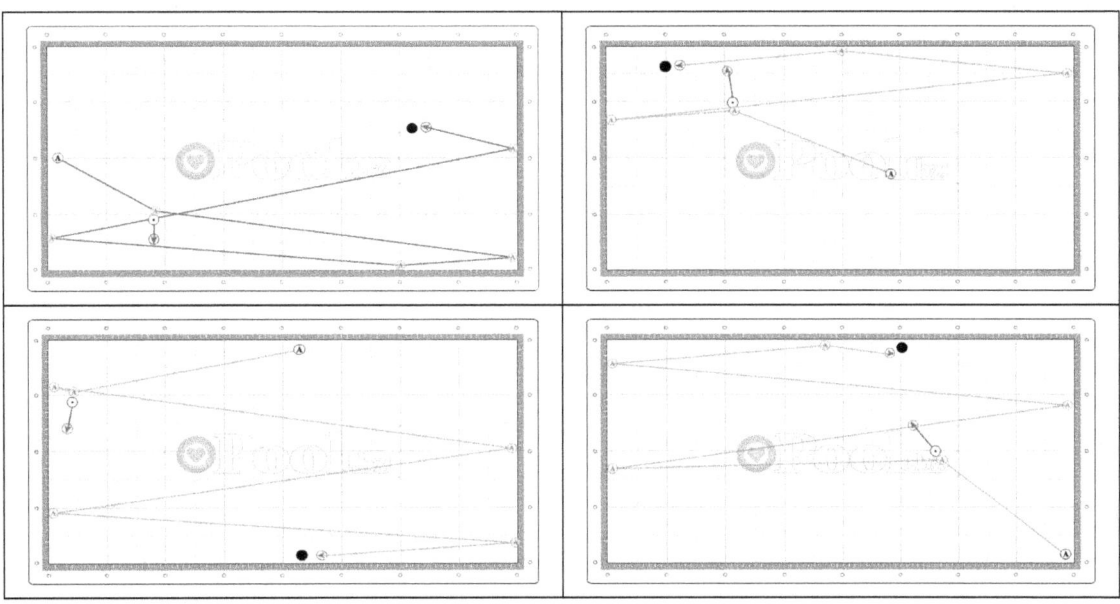

Analysis:

F:2a. _____

F:2b. _____

F:2c. _____

F:2d. _____

F:2a – Setup

Notater og ideer:

Skudd mønster

F:2b – Setup

Notater og ideer:

Skudd mønster

F:2c – Setup

Notater og ideer:

Skudd mønster

F:2d – Setup

Notater og ideer:

Skudd mønster

F: Gruppe 3

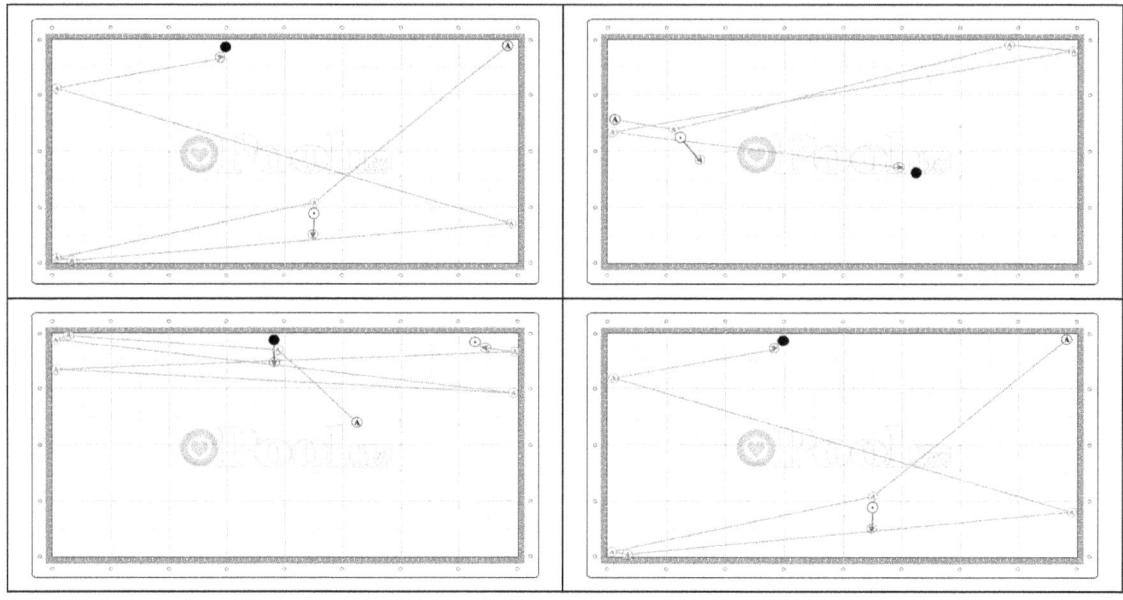

Analysis:

F:3a. _____

F:3b. _____

F:3c. _____

F:3d. _____

F:3a – Setup

Notater og ideer:

Skudd mønster

F:3b – Setup

Notater og ideer:

Skudd mønster

F:3c – Setup

Notater og ideer:

Skudd mønster

F:3d – Setup

Notater og ideer:

Skudd mønster

F: Gruppe 4

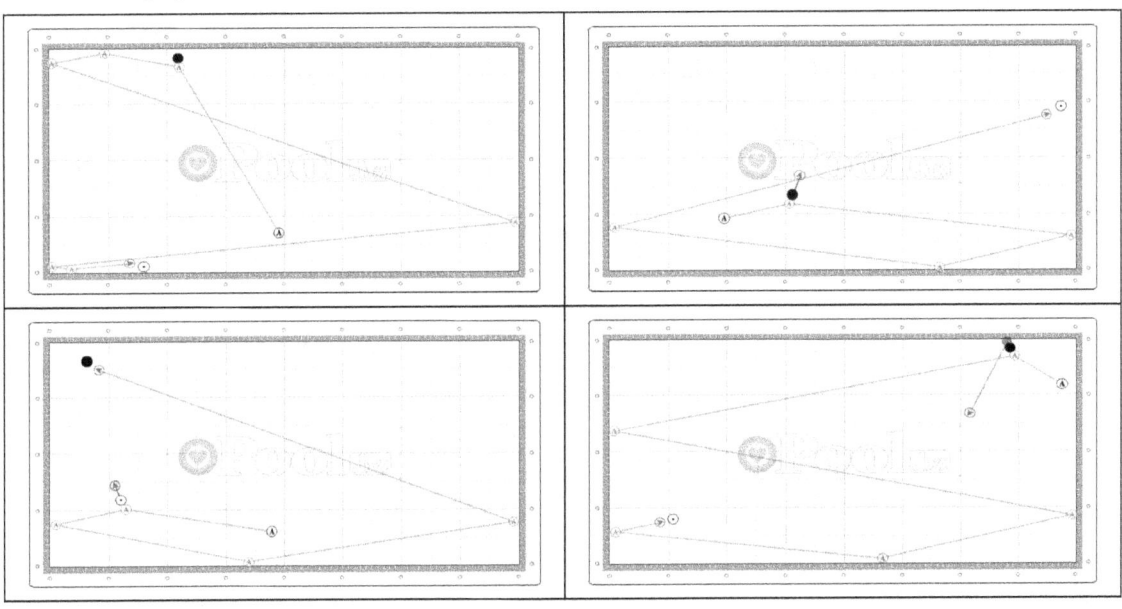

Analysis:

F:4a. _____

F:4b. _____

F:4c. _____

F:4d. _____

F:4a – Setup

Notater og ideer:

Skudd mønster

F:4b – Setup

Notater og ideer:

Skudd mønster

F:4c – Setup

Notater og ideer:

Skudd mønster

F:4d – Setup

Notater og ideer:

Skudd mønster

F: Gruppe 5

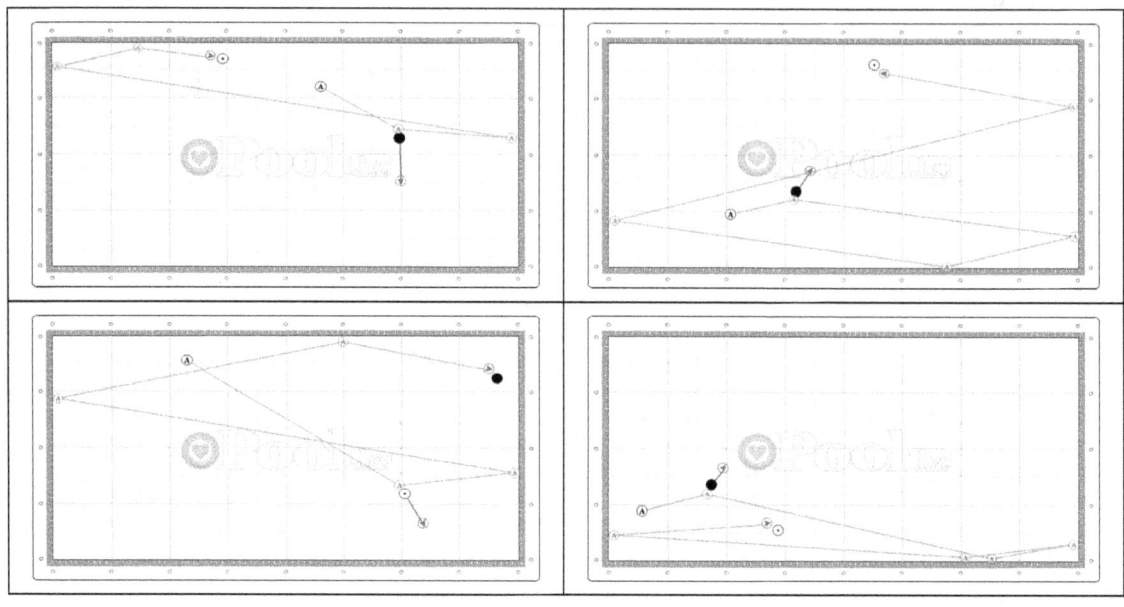

Analysis:

F:5a. _____

F:5b. _____

F:5c. _____

F:5d. _____

F:5a – Setup

Notater og ideer:

Skudd mønster

F:5b – Setup

Notater og ideer:

Skudd mønster

F:5c – Setup

Notater og ideer:

Skudd mønster

F:5d – Setup

Notater og ideer:

Skudd mønster

www.ingramcontent.com/pod-product-compliance
Lightning Source LLC
Chambersburg PA
CBHW081256170426
43198CB00017B/2813